Inhalt

Unter neuer Führung - warum die deutsche Nationalmannschaft plötzlich so gut Fußball spielt

Kernthesen

Beitrag

Fallbeispiele

Weiterführende Literatur

Impressum

Unter neuer Führung - warum die deutsche Nationalmannschaft plötzlich so gut Fußball spielt

R. Reuter

Kernthesen

- Das deutsche Team hat in Südafrika Auftritte hingelegt, die an die Mannschaft von 1972 erinnern.
- Sportpsychologen, Trainer und Journalisten rätseln, wie die Leistungsexplosion zu erklären ist.
- Neben der hohen Qualität der Spieler rückt insbesondere die innere Führung der

Mannschaft in den Fokus möglicher Erklärungen.

Beitrag

Eine Frage der Führung?

Die deutsche Fußball-Nationalmannschaft hat sich bei der Weltmeisterschaft in Südafrika in die Herzen der Fans gespielt. Die Entwicklung der Mannschaft ist dabei insbesondere in sportlicher Hinsicht interessant, aber nicht nur. Augenscheinlich hat der Leistungssprung des Teams viel mit der Art der Mannschaftsführung zu tun. Bundestrainer Jogi Löw galt schon vor dem Turnier als ein Fußballversteher, das heißt als ein Trainer, dessen Führungsstil weniger durch Autorität als durch so genannte soft skills gekennzeichnet ist. Hierzu zählt seine Fähigkeit, kritisierte Spieler durch absolutes Vertrauen wieder stark zu machen. Hinzu tritt die neue, innere Führung der Mannschaft, die nötig wurde, weil der angestammte Mannschaftskapitän Michael Ballack kurz vor dem Turnier verletzt absagen musste. (1)

Ein starker Leader ist derzeit nicht

gefragt

Durchsetzungsfähige Kapitäne waren Jahrzehnte lang ein Kennzeichen der deutschen Nationalmannschaft. Alphatiere wie Lothar Matthäus, Oliver Kahn und zuletzt Michael Ballack warteten mit starker Persönlichkeit auf, die einen ebenso starken Führungsanspruch nach sich zog. Doch schon unter Jürgen Klinsmann, der die Mannschaft 2006 ins Halbfinale führte, wurde deutlich, dass die Zeit der unumschränkten Leader vorbei sein könnte. Klinsmann nahm dem Titan Oliver Kahn die Kapitänsbinde weg und gab sie dem damals 27-jährigen Michael Ballack. Der allerdings schlug spätestens seitdem die gleiche Entwicklung ein und mauserte sich zum Capitano, der seinen Führungsanspruch sogar damit unterstrich, dass er öffentlich den Bundestrainer kritisierte. Auch bei der Mannschaftsaufstellung unterwarf sich Ballack nicht den Überzeugungen Löws, sondern forderte die Berücksichtigung etwa des ausgemusterten Thorsten Frings. Der Führungsanspruch Ballacks wurde jedoch weder vom Bundestrainer noch von der Mannschaft akzeptiert. Ballack musste sich bei Löw entschuldigen. [1]

Das Team organisiert sich selbst

Augenfälligstes Zeichen dafür, dass dem autoritären Leader auch in der Mannschaft nicht mehr gefolgt wurde, war die Backpfeife, die Lukas Podolski dem Capitano im Länderspiel in Wales im vergangenen April verpasste. Auch bei den ruhigeren Spielern rumorte es, wie die Reaktion des Verteidigers Arne Friedrich zeigte. Er zettelte bei der Europameisterschaft 2008 eine Palast-Revolution an, bei der er den Führungsstil Ballacks als nicht mehr zeitgemäß bezeichnete. Dieser sei häufig zu rüde, autoritär und ungnädig. Im Rückblick zeigt sich damit, dass die Mannschaft nicht erst seit der Verletzung ihres Kapitäns dabei war, sich erstens zu emanzipieren und sich zweitens selbst zu organisieren.

Auch aus Jogi Löws Äußerungen sprach zuweilen, dass er bei seinem Kapitän den kommunikativen Führungsstil bevorzugt. Sehr integrativ müsse dieser sein und für alle Kollegen ein offenes Ohr haben, so Löw zu Journalisten. Dem Ballackschen Verständnis von der Kapitänsrolle entsprechen diese Forderungen freilich nicht. (1)

Emanzipation durch Leistung

Dass Michael Ballack in der deutschen Nationalmannschaft zum Taktgeber aufstieg, hat nicht nur mit seinem Können zu tun. Sein Vorteil war die relative Schwäche des deutschen Fußballs, die spätestens mit der Europameisterschaft vor zehn Jahren deutlich wurde. Die Nationalspieler standen seitdem unter öffentlichem Beschuss und mussten sich als Rumpelfüßler bezeichnen lassen. Einzig Michael Ballack ragte hervor, schoss wichtige Tore wie in der WM-Qualifikation 2002 und gab der darbenden Fußball-Nation Deutschland so einen kleinen Schuss Zuversicht. In dieser Zeit wurde Ballack der, der er heute noch ist. Viele Spieler waren froh, diesen einen Weltklassemann vor sich zu haben, versteckten sich zuweilen hinter dem Kapitän und warfen erleichtert die Arme hoch, wenn Ballack wieder einmal für das einzige deutsche Tor gesorgt hatte. Damit ist es jedoch vorbei, spätestens, seit deutsche Nachwuchsmannschaften bei Welt- und Europameisterschaften Medaillen gewinnen. Mesut Özil, Thomas Müller und Sami Khedira zeigen erstmals seit zehn Jahren, dass Deutschland kein Nachwuchsproblem mehr hat. (1), (2), (3)

Flache Hierarchien um Philipp Lahm

Den klar vorausgehenden Führungsspieler, der den anderen sagt, was sie machen sollen, gibt es in Löws WM-Mannschaft nicht. Stattdessen hat sich ein Teamspirit entwickelt, der die Verteilung von

Verantwortung auf mehrere Schultern einschließt. So versteht sich der neue Kapitän Phillip Lahm nicht als Anführer, sondern als primus inter pares (Erster unter Gleichen), der das Kapitänsamt ohne Absolutheitsanspruch bekleidet. Dies zeigt sich auch am Miteinander mit Bastian Schweinsteiger, der auf dem Feld etwa die gleiche Stellung hat wie Lahm. Dazu gesellt sich ein Überbau älterer Spieler wie Miroslav Klose und Arne Friedrich, die ihre größere Erfahrung ins Spiel bringen, ohne daraus Chefallüren abzuleiten. Ohnehin hat sich Jogi Löw schon vor dem Turnier so geäußert, dass er jüngere Spieler gegenüber der Erfahrung von Älteren für weit wichtiger hält, da sie begeisterter zu Werke gehen. Dieser neue Jugendstil der deutschen Fußball-Nationalmannschaft macht international Eindruck. So hat der brasilianische Fußballpräsident gefordert, die Selecao für die WM 2014 deutlich zu verjüngen. (2), (4)

Sportpsychologen rätseln

Für Sportpsychologen ist die Entwicklung der deutschen Mannschaft ohne Ballack ein interessantes Beobachtungsfeld. Die augenscheinlich befreiende Wirkung der Verletzung Ballacks auf das Team sehen sie als das Ende eines Prozesses, der mit Podolskis Ohrfeige vor zwei Jahren seinen Anfang nahm. Gleichwohl besteht Unsicherheit darüber, ob der Wegfall eines starken Führers prinzipiell zu jenem Teamgeist führen muss, der die deutsche Mannschaft in Südafrika so sehr auszeichnet. Immerhin wäre es auch möglich gewesen, dass das Team ohne Ballack kopf- und führungslos über den Platz taumelt. Dass es anders kam, hat mit einem gewachsenen Selbstbewusstsein der Akteure zu tun, das bisher so nicht zu erkennen gewesen war.

Auf einen tiefenpsychologischen Zusammenhang hat der Sportpsychologe Andreas Marlovits hingewiesen. Demnach ist der Gedanke nicht abwegig, dass sich Ballack unbewusst mit Absicht von dieser Mannschaft verabschiedet haben könnte, weil er seinen alten Führungsanspruch gar nicht mehr durchsetzen konnte. Ballack habe Kevin-Prince Boateng, der ihn vor der WM außer Gefecht setzte, schon in der Bundesliga verbal provoziert. Kurz vor dem Foul soll er darüber hinaus eine Tätlichkeit an Boateng begangen haben, die eins zu eins der Aktion Podolskis geglichen habe. Der Tritt Boatengs sei daher nicht verwunderlich gewesen und bekomme durch Ballacks vorheriges Verhalten die Note einer absichtlich herbeigeführten Selbstgefährdung, die ihren Ursprung in Ballacks gesunkener Bedeutung innerhalb der Nationalmannschaft habe. (3), (5)

Trends

Autoritäre Trainer dominieren

Einen generellen Trend hin zum kollegialen Führungsstil im Fußball gibt es freilich nicht. Eher ist das Gegenteil der Fall, wie die erfolgreichen Bundesligatrainer Felix Magath, Louis van Gaal und der VFB-Trainer Christian Gross beweisen. Alle drei Trainer gelten als autoritär, wobei im Falle van Gaals sogar ein Hang zur Selbstherrlichkeit konstatiert werden muss. Ihre Erfolge zeigen allerdings, dass der autoritäre Führungsstil keineswegs ein Auslaufmodell ist. Gerade im Fall des VFB Stuttgart hatte sich gezeigt, dass eine harte Hand nötig war, um auf die Erfolgsspur zurückzukommen. Gross, van Gaal und Magath stehen für hartes Training und Strenge, die das Ausscheren einzelner Spieler sofort mit einem Bannstrahl belegt. (7), (8)

Fallbeispiele

Wayne Rooney beklagt den Drill

Als einer der Gründe für das Ausscheiden der

Engländer wird auf der Insel der Führungsstil ihres Trainers Fabio Capello diskutiert. Stürmerstar Wayne Rooney hatte beklagt, sich nicht wie in einem Trainings-, sondern in einem militärischen Ausbildungslager zu fühlen. Beobachter sagen heute, dass die überstrikte Führung des italienischen Trainers den Spielern alle Kreativität genommen und sie in Schemata gepresst habe, woraus das schlechte Spiel der Three Lions resultiert habe. (6)

Weiterführende Literatur

(1) Wer ist hier eigentlich der Chef?
aus Frankfurter Allgemeine Zeitung, 29.05.2010, Nr. 122, S. 30

(2) "Ich erlebe Löw überzeugt von dem, was er tut"
aus Stuttgarter Zeitung, 22.06.2010, S. 27

(3) "Podolski hat es auf den Punkt gebracht"
aus Frankfurter Rundschau vom 18.06.2010, Seite S 2

(4) Schnellkurs in Sachen Kapitänsamt
aus Mitteldeutsche Zeitung vom 01.06.2010

(5) Michael Ballack stößt morgen zur Mannschaft, sitzt aber nur noch am Katzentisch
aus LVZ/Leipziger-Volkszeitung, 30.06.2010, S. 27

(6) Drillmeister Capello Depression hat Englands Fußball-Seele ergriffen. Gegen Slowenien steht auch

der Führungsstil des italienischen Trainers auf dem Prüfstand
aus Hamburger Abendblatt, 23.06.2010, Nr. 143, S. 25

(7) Härter als Magath Mit Christian Gross gewinnt Stuttgart wieder - Der Trainer mag Disziplin, Motorräder und längst auch seine Glatze
aus DIE WELT, 02.02.2010, Nr. 27, S. 21

(8) Die harte Hand an drei Pokalen Kommentar
aus Stuttgarter Zeitung, 09.04.2010, S. 36

Impressum

Unter neuer Führung - warum die deutsche Nationalmannschaft plötzlich so gut Fußball spielt

Bibliografische Information der deutschen Nationalbibliothek

Die Deutsche Nationalbibliothek verzeichnet diese Publikation in der deutschen Nationalbibliografie; detaillierte bibliografische Daten sind im Internet über http://dnb.d-nb.de abrufbar.

ISBN: 978-3-7379-0235-9

© 2015 GBI-Genios Deutsche Wirtschaftsdatenbank GmbH, Freischützstraße 96, 81927 München, www.genios.de

Alle Rechte vorbehalten. Dieses Werk ist einschließlich aller seiner Teile – z.B. Texte, Tabellen und Grafiken - urheberrechtlich geschützt. Jede Verwertung außerhalb der Grenzen des Urheberrechtsgesetzes bedarf der vorherigen Zustimmung des Verlags. Dies gilt insbesondere auch für auszugsweise Nachdrucke, fotomechanische

Vervielfältigungen (Fotokopie/Mikroskopie), Übersetzungen, Auswertungen durch Datenbanken oder ähnliche Einrichtungen und die Einspeicherung und Verarbeitung in elektronischen Systemen.